BÉTON ÉCONOMIQUE

BREVET

DU 29 MARS 1855 (N° 22,959)

COIGNET

(29 mars 1855)

1861

MÉMOIRE

À L'APPUI D'UNE DEMANDE DE BREVET D'INVENTION DE QUINZE ANS, POUR UN NOUVEAU BÉTON ÉCONOMIQUE NE CONTENANT PAS DE CHAUX HYDRAULIQUE, PROPRE À ÊTRE MOULÉ ET À ÊTRE EMPLOYÉ À TOUTES ESPÈCES DE CONSTRUCTIONS, POUR REMPLACER LES MATÉRIAUX ACTUELLEMENT EMPLOYÉS, TELS QUE PIERRES, BRIQUES, PLÂTRE, ETC.

Les bétons employés ordinairement sont composés d'un mélange de sables, graviers, cailloutis, avec de la chaux grasse, de la chaux hydraulique, des ciments, des pouzzolanes, de la terre cuite, des briques pilées, etc.

Les bétons composés d'un simple mélange de sables, graviers, cailloutis, avec de la chaux grasse, ne sont pas d'un prix élevé, car les matériaux s'en trouvent partout; mais ils durcissent difficilement, et exigent un temps fort long pour devenir aussi durs qu'il serait nécessaire. Ce grave défaut interdit l'emploi de ce genre de bétons dans les cas les plus nombreux et les plus importants.

Cet inconvénient de ne durcir que lentement, joint au manque de cohérence, d'adhérence qui caractérise ce béton au moment de son emploi et même longtemps après, en interdit l'emploi à la construction des murs en élévation; ces murs s'affaisseraient aussitôt que leurs parois cesseraient d'être maintenues par des moules ou autrement.

Les bétons composés d'un mélange de sables, graviers, cailloutis, avec de la chaux hydraulique, durcissent, il est vrai, avec plus de rapidité; néanmoins, comme les bétons à la chaux grasse, ils manquent de cohésion et d'adhérence au moment de l'emploi, et, par ce fait, ne pourraient être employés que très difficilement à la construction des murs en élévation.

Quoi qu'il en soit, le prix élevé de la chaux hydraulique, la quantité plus considérable qu'exige une même quantité de béton, la difficulté de se procurer en tous lieux ladite chaux, les frais considérables de transport et d'emballage, la difficulté de s'en procurer qui ne soit point altérée, rend le béton ou la chaux hydraulique d'un succès très incertain dans son emploi, et notamment dans la construction des murs en élévation, et surtout cet emploi serait trop coûteux pour remplacer avantageusement le mode de constructions ordinaires.

Quant aux bétons composés d'un mélange de chaux grasse avec les pouzzolanes, les ciments, les terres cuites, les briques pilées, etc., leur prix de revient est tellement élevé, qu'ils ne peuvent être employés qu'à des travaux spéciaux où l'économie n'est point de rigueur.

Si donc on voulait appliquer les bétons à la construction de murs en élévation, il faudrait trouver une composition qui, tout en durcissant rapidement à l'air, tout en ayant assez de cohésion, d'adhérence pour se soutenir sans s'affaisser et sans être maintenue sur ses parois, fût composée de matériaux d'assez peu de valeur et répandus partout avec assez de profusion pour permettre de s'en servir avec avantage et économie concurremment avec les procédés de construction actuellement en usage.

Ce résultat est obtenu, et c'est en ceci que consiste l'invention, en introduisant dans le béton ordinaire, composé de sables, graviers, cailloutis et de chaux grasse, une certaine quantité de terres plus ou moins argileuses, cuites ou non cuites, de cendres de houille ou de bois, et d'un alcali quelconque, pur ou impur.

Les terres plus ou moins argileuses, cuites ou non cuites, donnent au béton ordinaire la cohésion, l'adhérence qui lui manquent pour pouvoir être employé sans être maintenu sur ses parois à la construction des murs en élévation.

En outre, ces terres argileuses, au contact de la chaux grasse, la transforment peu à peu en chaux hydraulique, moyennant quoi le béton durcit rapidement.

Les cendres de houille ou de bois, par les sels alcalins qu'elles contiennent, et à défaut de cendres l'introduction des alcalis quelconques, purs ou impurs, ont pour but de favoriser et d'activer l'absorption de l'acide carbonique par la chaux et de hâter par conséquent le durcissement du béton.

Ce béton, convenablement préparé et employé, durcit promptement tout en ne coûtant presque rien, qualités précieuses surtout dans son application à la construction de bâtiments d'exploitation agricole.

En effet, si l'agriculteur français, qui ne connaît pour ainsi dire encore pour habitation que la hutte de torchis ou de pisé, habitation que la moindre pluie pénètre ou renverse, trouvait partout sous sa main tous les matériaux qui, hormis la chaux grasse, ne lui coûteraient que la peine de les extraire, il pourrait s'en servir en faisant lui-même son béton économique, en l'employant lui-même à temps perdu, et par conséquent à peu près sans aucune dépense, et se bâtir ainsi à peu de frais des habitations parfaitement saines, inaltérables au contact de l'eau, aussi solides, aussi durables que celles bâties en la meilleure maçonnerie ; ces constructions de béton économique n'exigeraient jamais de réparations.

L'emploi de ce béton à la construction des murs en élévation, est aussi convenable aux habitations des villes qu'à celles de la campagne.

Voici quelques mélanges qui m'ont donné de bons résultats, et qu'il serait possible de varier à l'infini, suivant les exigences des lieux et l'existence des matériaux :

1er *mélange*. Graviers, sables ou cailloutis. . . . . 80 »
Terre rouge argileuse ordinaire. . . . . 10 »
Chaux grasse non délitée . . . . 10 »
Cendres de bois. . . . . » 25

Total. 100 25

2e *mélange*. Graviers, sables, cailloutis. . . . . 75 »
Terre cuite pilée. . . . . 7 »
Terre rouge ordinaire. . . . . 10 »
Chaux grasse non délitée . . . . 10 »
Cendres de bois. . . . . » 25

Total. 100 25

3e *mélange*. Graviers, sables, cailloutis. . . . . 45 »
Terre rouge ordinaire. . . . . 45 »
Chaux grasse non délitée . . . . 10 »
Cendres de bois. . . . . » 25

Total. 100 25

4e *mélange*. Graviers, sables, cailloutis. . . . . 70 »
Terre rouge ordinaire. . . . . 10 »
Chaux grasse non délitée . . . . 10 »
Cendres de houille. . . . . 10 »

Total. . . . . 100 »

5e *mélange*. Graviers, sables, cailloutis. . . . . 40 »
Terre rouge ordinaire. . . . . 10 »
Chaux grasse non délitée . . . . 10 »
Cendres de houille. . . . . 40 »

Total. . . . . 100 »

6e *mélange*. Terre rouge ordinaire . . . . 80 »
Graviers, cailloutis. . . . . 10 »
Chaux grasse non délitée . . . . 10 »
Cendres de bois. . . . . » 25

Total. 100 25

7e mélange. Terre rouge ordinaire . . . . 70 »
Chaux grasse non délitée . . . . 10 »
Cendres de bouille. . . . . 20 »

Total. . . . . 100 »

Signé : FRANÇOIS COIGNET.

Vu pour être annexé au brevet de quinze ans pris le 29 mars 1855, par le sieur Coignet.
Paris, le 18 juin 1855.

Le ministre secrétaire d'État au département de l'agriculture,
du commerce et des travaux publics.

Pour le ministre,

Le chef de division délégué.

Signé : E. JULES.

BÉTON ÉCONOMIQUE

—

ADDITION

AU BREVET DU 29 MARS 1855 (N° 22,959)

COIGNET

(30 juin 1855)

MÉMOIRE

À L'APPUI D'UNE DEMANDE D'UN CERTIFICAT D'ADDITION À UN BREVET PRIS LE 20 MARS 1855,
POUR LA COMPOSITION D'UN BÉTON ÉCONOMIQUE.

Depuis le 20 mars 1855 jusqu'à ce jour, j'ai fait des essais multipliés sur la composition des bétons économiques qui me permettent de mieux préciser les points sur lesquels portent mes inventions.

Depuis ces essais, les bétons économiques qui donnent lieu à la demande d'un brevet d'invention faite le 20 mars 1855, et à la présente demande d'un certificat d'addition, peuvent se classer en plusieurs catégories précisées ainsi qu'il suit :

1° Un béton provenant de l'introduction d'une certaine quantité de terre naturelle crue, plus ou moins argileuse, dans le béton, ou dans tout autre béton, qu'ils soient à base de chaux grasse ou de chaux hydraulique.

2° Un béton provenant de l'introduction d'une certaine proportion de terres cuites plus ou moins argileuses, ou de pouzzolanes naturelles ou artificielles, dans le béton ordinaire ou dans tout autre béton, qu'ils soient à base de chaux grasse ou à base de chaux hydraulique.

3° Un béton provenant de l'introduction de cendres et scories résultant de la combustion de la houille et réduites en poudre fine, dans le béton ordinaire ou dans tout autre béton, qu'ils soient à base de chaux grasse ou de chaux hydraulique.

4° Un béton provenant de l'introduction d'une certaine proportion de cendres résultant de la combustion du bois, dans le béton ordinaire ou dans tout autre béton, qu'ils soient à base de chaux grasse ou de chaux hydraulique.

5° Un béton provenant de l'introduction d'une certaine quantité de ciments naturels ou artificiels, dans le béton ordinaire ou dans tout autre béton, qu'ils soient à base de chaux grasse ou de chaux hydraulique.

Signé : FRANÇOIS COIGNET,

Manufacturier, à Paris, 00, rue Hauteville.

Vu pour être annexé au certificat d'addition pris, le 30 juin 1855, par le sieur Coignet. Paris, le 16 octobre 1855,

Pour le ministre et par délégation,

Le chef de division,

Signé : E. JULIEN.

Pour expédition certifiée conforme,

Le chef de bureau, délégué,

Signé : ATHOASE.

BÉTON ÉCONOMIQUE

ADDITION

AU BREVET DU 29 MARS 1855 (N° 23,059)

COIGNET

(30 mars 1856)

MÉMOIRE

À L'APPUI D'UNE DEMANDE D'UN CERTIFICAT D'ADDITION AU BREVET DE QUINZE ANS QUE J'AI PRIS
LE 30 MARS 1855, POUR UN BÉTON ÉCONOMIQUE SANS CHAUX HYDRAULIQUE.

Une année de travaux et d'expériences m'ayant démontré que les termes de la demande
d'un brevet d'invention, que j'ai faite à la date ci-dessus indiquée, pour un béton économique sans chaux hydraulique, ainsi que ceux d'une demande de certificat d'addition
audit brevet, à la date du 30 juin de la même année, étaient insuffisants et incomplets,
je les rectifie ainsi qu'il suit :

Je demande le brevet de quinze ans, pour la préparation, la composition et le mode
d'emploi de certains bétons économiques à base de chaux grasse ou hydraulique.

Composition des bétons.

1° Bétons composés de sables, graviers, cailloutis, débris de pierres, avec addition
d'une certaine proportion de terres plus ou moins argileuses *crues* (c'est-à-dire non rougies au feu); le tout mélangé avec une certaine proportion de chaux grasse ou hydraulique.

2° Bétons composés de sables, graviers, cailloutis, débris de pierres, avec addition de
cendres et scories de houille, de résidus, et plus ou moins argileuses, *cuites* (c'est-à-dire
rougies au feu), de pouzzolanes naturelles ou artificielles; ces divers matériaux ajoutés
ensemble ou séparément, le tout mélangé avec une certaine proportion de chaux grasse
ou hydraulique.

3° Bétons composés de sables très ténus : tels que sables des landes, et spécialement
celui du département des Landes, sables des dunes, sables analogues à ceux de Fontai-

nebleau et de Montmorency, sables marneux ou argileux, avec addition de cendres et scories de houille, cendres et scories de travaux métallurgiques, terres plus ou moins argileuses, cuites, pouzzolanes naturelles ou artificielles, et notamment au besoin de sables marneux ou argileux *cuits* (c'est-à-dire rougis au feu); le tout mélangé ensemble ou séparément avec une certaine proportion de chaux grasse ou hydraulique.

Préparation desdits bétons.

La chaux grasse ou hydraulique doit être éteinte suivant le procédé ordinaire, pour être tenue en pâte consistante.

Les cendres et scories de houille, les terres plus ou moins argileuses cuites, les cendres et scories de travaux métallurgiques, les pouzzolanes naturelles ou artificielles, doivent être réduites en poudre ténue, la ténuité donnant à leur action une énergie beaucoup plus grande, et permettant, par cette raison, de réduire, dans une très grande proportion, soit la quantité de chaux grasse ou hydraulique, soit de réduire aussi la quantité de ces matières elles-mêmes.

Les sables, graviers, cailloutis, doivent être, autant que possible, dépourvus de terre argileuse ou marneuse crue.

Le mélange des divers matériaux qui doivent composer le béton est opéré au moyen d'une machine, les bras de l'homme étant insuffisants.

Ce mélange peut être opéré par un seul broyage, mais il devient plus difficile, il exige plus de force, plus de temps, et, malgré tous les soins, il n'est jamais complétement homogène; j'ai reconnu qu'il était de beaucoup préférable de procéder ainsi qu'il suit :

S'il s'agit du béton indiqué au n° 1 ci-dessus, par un premier broyage, on mêlera la chaux grasse ou hydraulique avec les sables, graviers, cailloutis, et, par un second broyage, on mêlera le mortier ainsi obtenu avec la terre plus ou moins argileuse *crue.*

La terre plus ou moins argileuse *crue* doit être, dans ce cas, humectée ou émiettée, de manière à se diviser facilement et à se mélanger rapidement.

S'il s'agit des bétons n°s 2 et 3, par un premier broyage on mêlera la chaux grasse ou hydraulique avec les cendres et scories de houille, les terres plus ou moins argileuses *cuites,* les cendres et scories de travaux métallurgiques, les pouzzolanes naturelles ou artificielles, et si on en emploie *cuits,* ces diverses matières étant introduites ensemble ou séparément, par un second broyage, on mêlera le mortier ainsi obtenu avec les sables, graviers, cailloutis, débris de pierres et sables ténus.

Les bétons ci-dessus, quelle que soit leur composition, doivent être obtenus en pâtes très consistante et presque pulvérulente, afin de ne pas fuir sous le choc d'un corps dur et de pouvoir s'agglomérer.

Mode d'emploi de ces bétons.

Les bétons, parfaitement broyés et amenés à l'état de pâte très ferme, sont portés dans un moule établi sur la place même où l'on veut élever une construction, que cette place soit au-dessus ou au-dessous de la surface du sol.

Ce moule doit avoir, intérieurement, la forme que l'on veut donner à la construction.

Le béton est versé dans ce moule établi sur la construction même, par couches minces, et il y est moulé, tassé, aggloméré, comprimé par le choc répété d'un corps dur et pesant.

Lorsque le moule est plein, on le démonte immédiatement, on le porte plus loin ou plus haut, et on le remplit de nouveau à moins que, par des raisons spéciales, on ait besoin de laisser le béton se prendre dans le moule, auquel cas on le démonte après un certain laps de temps.

Par ce moyen, on peut élever toute espèce de construction, en plein, en creux, en relief, le béton étant moulé sur la construction même, on obtient cette construction à l'état monolithe, quelle que soit sa masse, son élévation et sa disposition.

Objet de l'invention.

L'invention pour laquelle je demande un brevet de quinze ans, ne porte pas sur tel ou tel point pris séparément, mais sur l'ensemble de la composition, de la préparation et du mode d'emploi desdits bétons, dont il est question ci-dessus.

Ainsi les cendres et scories de houille ont pu déjà être introduites dans des mortiers, des tentatives ont pu déjà être faites pour la construction de bâtiments en béton ordinaire; mais ceux qui ont introduit des cendres dans du mortier, ne se sont pas servi de ce mortier pour élever des constructions moulées et ceux qui ont déjà essayé de bâtir en béton ordinaire, n'ont pas employé les bétons composés et préparés d'après les procédés dont il est fait mention plus haut.

Toutefois, dans cet ensemble, il est un point spécial très important et tout à fait inusité jusqu'à ce jour, savoir, l'introduction, dans la composition des bétons de certaines matières hydraulisantes, c'est-à-dire ayant la propriété de donner à la chaux une prise plus énergique et plus prompte, lesdites matières étant réduites en poudre très ténue, telles que cendres et scories de houille, terres plus ou moins argileuses rougies au feu, scories de travaux métallurgiques, pouzzolanes naturelles ou artificielles qui, par leur ténuité, se combinent avec la chaux, de manière à rendre hydraulique la chaux grasse, à augmenter la prise et le durcissement de la chaux hydraulique et surtout à permettre, par l'emploi de l'ensemble des procédés, de diminuer la quantité proportionnelle de chaux à introduire dans le béton sans nuire à la solidité jusqu'au dixième, même jusqu'au vingtième.

En outre, l'introduction de ces matières hydraulisantes, rendant la prise plus rapide, permet d'établir toutes constructions en reliefs, telles que balcons, corniches, entablements, bandeaux, ornements, travaux impossibles à obtenir au moyen du béton ordinaire, dont la prise est trop lente et pas assez énergique.

En résumé, par suite de modifications de perfectionnements apportés dans la composition, la préparation et le mode d'emploi de certains bétons, par la combinaison et la réunion de divers procédés de confection du béton, plus ou moins connus et usités, je suis parvenu à obtenir des *résultats nouveaux* et autres que ceux qu'on a pu obtenir de chacun de ces procédés, pris isolément et beaucoup plus avantageux, soit pour l'économie, soit pour la solidité.

Résultats nouveaux qui forment l'objet, le but de mon dit brevet du 29 mars 1855, ainsi que du certificat d'addition du 30 juin suivant, modifiés et corroborés par le présent certificat d'addition.

Signé : FRANÇOIS COIGNET.

Manufacturier, à Paris, 90, rue Hauteville.

NOTA. Dans le cas où l'on voudrait donner aux bétons ci-dessus désignés et décrits une prise plus prompte et un durcissement plus complet, on y introduirait une certaine dose de ciments hydrauliques quelconques, préalablement à l'état pulvérulent; dans ce cas, si les bétons étaient faits en deux broyages, ainsi qu'il est dit ci-dessus, ce ciment serait introduit dans le second broyage.

Signé : FRANÇOIS COIGNET.

Vu pour être annexé au certificat d'addition pris, le 28 mars 1856, par le sieur Coignet.
Paris, le 28 juin 1856.

Pour le ministre et par délégation,

Le chef de division,

Signé : E. JULIEN.

Pour expédition certifiée conforme.

Le chef de bureau délégué,

Signé : AUMOANE.

BÉTON ÉCONOMIQUE

—

ADDITION

AU BREVET DU 29 MARS 1855 (N° 22,959)

COIGNET

(13 novembre 1856)

3

DEMANDE

D'UN CERTIFICAT D'ADDITION

AU BREVET DU 29 MARS 1856 (N° 22,959)

POUR UN

BÉTON ÉCONOMIQUE SANS CHAUX HYDRAULIQUE

Par M. COIGNET (François), manufacturier à Paris
Représenté par M. Emile BARRAULT, ingénieur civil à Paris

MÉMOIRE DESCRIPTIF

L'addition que je viens annexer aujourd'hui, a pour objet de compléter et commenter les explications que j'ai déjà données dans mon brevet et les additions ultérieures, non pour les rectifier, car elles sont complètes et comportent des éléments bien précis, mais pour donner des détails et des observations complémentaires et qui établiront plus nettement encore, si c'est possible, l'importance et la nouveauté des bétons que j'ai constitués avec des éléments connus, employés dans des conditions différentes et produisant des résultats nouveaux.

J'ai déjà expliqué, dans l'addition du 28 mars 1856, que la base même de mon invention, consistait à obtenir des bétons à l'état de pâte pulvérulente ou de poudre pâteuse, état qui seul permet l'agglomération facile et la prise rapide de ces bétons composés dans des conditions économiques avantageuses.

Tous les bétons, jusqu'à ma découverte, ont toujours été établis en pâte liquide, ce qui nécessitait, pour avoir de bons bétons, des conditions particulières que l'on connaît.

L'idée que j'ai eue de préparer les bétons en pâte pulvérulente ou poudre pâteuse, m'a